책가방

우양숙 옮김
아이예마 노리 지음

숲의 향기가 나는 동화

아이슈가 옆에 피어 가슴
'이슨은 나리꽃 향기로 삐리다, 까치'

이 책을 사십니까 아들 혹은 딸이 좋아하는 이야기와 동물들에게 따뜻한 정성을 다하는 것입니다.
청장에게 대응 아이니어로 재미있게 놀러주 수 있는 가품을 만들었습니다.
지는 아이자신이 종이접기를 좋아 보고 가벼워 들을 만들어보면서 배웠습니다. 아리를 머리에 차면 놀라운 정성을 했을 것이고, 복장을 쓰고 있겠지요.
누가 여러분의 동심 가득한 세계로 들어오는 것이 있을 바라며 만들었습니다.
아이들과 후함께 재미있게 보내시기 바랍니다.

처음에

차례

STORY 01
엄지공주
P.06

STORY 02
신데렐라
P.08

STORY 03
백설공주
P.10

STORY 04
파랑새
P.12

STORY 05
헨젤과 그레텔
P.14

칼럼	P.26	그림책 만들기의 추억
레슨	P.27	페이퍼 커팅 레슨
	P.28	페이퍼 커팅에 사용하는 도구
	P.29	페이퍼 커팅의 기본
	P.31	01 하트 모양 자르기
	P.33	02 다이아몬드 모양 자르기
	P.35	03 토끼 자르기
	P.38	04 마차 자르기
원 포인트 어드바이스	P.41	도안 자르기 원 포인트 어드바이스
	P.46	작품을 액자에 넣어 장식하자
	P.47	부록 도안 사용법
부록	P.49	그대로 자를 수 있는 도안집

엄지공주 *Thumbelina*

튤립 속에는 귀여운 여자 아이가 얌전히 앉아 있었는데,

크기는 엄지손가락 정도였습니다.

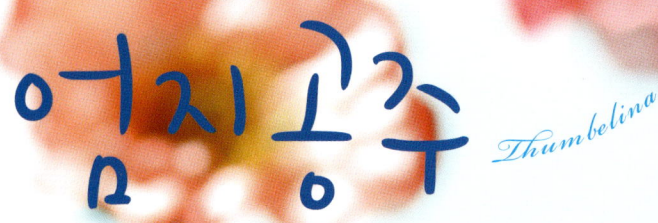

몸집이 크고 못생긴 두꺼비는 엄지공주를 보고

"내 며느리로 삼아야겠군." 하고 말했습니다.

그래서 아이는 **엄지공주**라고 불렀습니다.

comment
자유롭게 살아간다는 이미지를 담아 날개가 돋아 있는 엄지공주를 만들었습니다.
엄지공주와 결혼하고 싶어 하는 개구리의 마음을 "LOVE" 합창으로 표현해보았습니다.

엄지공주 – 자르는 법 어드바이스 45쪽 | 도안 65쪽
개구리 – 자르는 법 어드바이스 45쪽 | 도안 67쪽

신데렐라
Cinderella

신데렐라는 지금까지 한 번도 본 적이 없는 **눈부시게 아름다운** 드레스를 입고 황금으로 만든 **구두**를 신고 성을 나섰습니다. 그 모습을 보고 모두들 너무 놀라서 입을 다물지 못했답니다.

comment
마차는 검은색이 돋보이는 격조 높고 인상적인 마차로 만들어보았습니다. 덩굴풀 모양을 장식했습니다.

자르는 법 어드바이스 38쪽 | 도안 69쪽

Snow White

백설공주

백설공주는 숲속을 한없이 달려갔습니다.

해가 저물어갈 무렵 작은 집에 도착했습니다.

집 안에 있는 모든 것이 작았는데, 그 집에는 산속에서 철광석을 캐는

7명의 난쟁이가 살고 있었습니다.

comment
여러분이 상상하는 난쟁이와는 전혀 다른 이미지의 난쟁이를 만들어보고 싶었습니다.
여러분이 깜짝 놀라는 모습이 눈에 선하네요!

자르는 법 어드바이스 41쪽 | 도안 61~65쪽

The Blue Bird

파랑새

"저 비둘기, 파란색이야. 파랑새는 쭉 집에 있었구나."
"정말이네! 왜 지금까지 몰랐을까?
아주 멀리까지 찾으러 갔는데,
행복의 파랑새는 언제나 우리 곁에 있었구나."

⌐ *comment*
창밖에서 요즘 자주 보는 제가 좋아하는 새를 그려보았습니다.
깃털 안은 구름이 둥실 떠 있는 푸른 하늘입니다.
⌐
자르는 법 어드바이스 41쪽 | 도안 69쪽

Hansel and Gretel

헨젤과 그레텔

두 아이는 작은 집에 이르렀습니다.

그 집은 **벽이 빵으로** 되어 있고, **지붕은 과자**로 덮여 있었습니다.

창문은 **설탕**을 굳혀서 만들었습니다.

두 아이는 **신나게** 먹어댔습니다.

comment
과자의 집은 색깔이 없으면 알기 힘들지요.
그래서 컵케이크 모양으로 만들어서 과자 느낌을 살렸습니다.
굴뚝에서는 풍선껌 모양의 풍선 연기가 솟아나옵니다.

자르는 법 어드바이스 42쪽 | 도안 55쪽

"앗 큰일이다! 지각이야!"

앨리스의 눈앞을, 토끼가 회중시계를 보면서 달려가더니,

구멍으로 뛰어들어갔습니다.

앨리스도 자기도 모르게 앞뒤 생각하지 않고 토끼를 따라서 구멍으로 뛰어들어갔습니다.

"도대체 어디까지 한없이 떨어지는 걸까."

앨리스는 생각했습니다.

이상한 나라의 앨리스

Alice's Adventures in Wonderland

> **comment**
> 실크햇 위에는 비둘기시계. 3시의 간식을 손에 들고 있습니다.
> 몸통의 시계는 무한의 수인 8을 가리킴으로써 앨리스의 이상한 세계를 표현하고 있습니다.

토끼 – 자르는 법 어드바이스 35쪽 | 도안 51쪽
문양 – 자르는 법 어드바이스 31, 33쪽 | 도안 49쪽

The Little Mermaid

인어공주

인어공주는 배 위에서 바다로 몸을 던졌습니다.

몸이 차츰차츰 녹아들어 거품이 되어가는 것이 느껴졌습니다.

따뜻한 햇빛이 거품 위에 닿아 반짝반짝 빛났습니다.

┌ *comment*
이야기의 여운을 느낄 수 있도록 일부러 인어공주의 얼굴을 그리지 않았습니다.
물속의 흔들리는 모습은 흐르는 듯한 곡선으로 표현했습니다. ┘

자르는 법 어드바이스 44쪽 | 도안 71쪽

백조는 항상 쫓겨 다니던 일을 떠올렸습니다.

그런데 지금은 아름다운 새 중에서도 가장 아름다운 새라는 말을 모든 이로부터 듣게 되다니요.

"미운 오리 새끼였을 때는 이런 행복은 꿈에도 생각지 못했어."

미운 오리 새끼
The Ugly Duckling

comment
미운 오리 새끼는 다양한 경험을 통해 마음까지 아름다운 백조가 되었습니다. 또한 '오리도 아름답다', '외모에 따라 구별 짓는 일은 없어야 한다'는 메시지를 전달하고 싶어 이런 도안으로 만들었습니다.

자르는 법 어드바이스 44쪽 | 도안 57쪽

comment
모든 사람들에게 사랑받는 아이의 모습을 상상하며 여러 번 도안을 다시 그렸습니다.
약간 현대적인 아이로 변주해본 빨간 모자입니다.

빨간 모자 – 자르는 법 어드바이스 43쪽 | 도안 59쪽
버섯 – 자르는 법 어드바이스 43쪽 | 도안 55쪽

Little Red Riding Hood

빨간 모자

빨간 모자는

나무들 사이로 비치는 햇살 속에서 예쁜 꽃이

여기저기 피어 있는 것을 보고

문득 생각했습니다.

"할머니께 꽃다발을

만들어드리면

분명히 기뻐하실 거야!"

그리고, 꽃을 찾아

숲속 깊숙한 곳까지

들어갔습니다.

나비

The Butterfly

나비는 귀여운 꽃 속에서 신부를 맞이하고 싶었습니다. 그러나 봄과 여름이 지나고 가을이 되어도 나비는 신부를 찾아내지 못했습니다. 너무나 아름다운 나비였기 때문에 그것을 본 사람이 핀으로 꽂아서 표본을 만들어버렸습니다.
"결혼이라는 것도 이런 걸까."
나비는 중얼거렸습니다.

comment
진짜 나비에 가까운 모양의 나비입니다. 색깔이 보이도록 만들고 싶었습니다.
장미는 향기가 떠도는 듯한 모양과 애처로움을 강조했습니다.

나비 – 자르는 법 어드바이스 42쪽 | 도안 53쪽
장미 – 자르는 법 어드바이스 44쪽 | 도안 51쪽

 column

그림책 만들기의 추억

아기가 태어난 뒤부터 그림책을 많이 읽어주었습니다. 책을 사서 읽어주었는데, 그러다보니 직접 그림을 그린 창작 그림책을 만들게 되었습니다. 아이와 함께 그 이야기를 생각해보면서요. 대강의 흐름을 생각하고, "여기는 어떻게 할까?" 물어보면 아이 나름대로 여러 가지 아이디어를 내주는 것입니다. 아이가 유치원에 다닐 무렵까지, 그렇게 둘이서 그림책을 만들어 즐겼습니다.

그 뒤, 아이도 점점 자라서 학교생활 등으로 바빠지고, 저는 페이퍼 커팅의 세계를 만나 새로운 세계에 흠뻑 빠져들었습니다. 언젠가 페이퍼 커팅으로 그림책을 만들어보고 싶다는 생각을 했습니다.

약간 어려운 도안도 있겠지만 여러분만의 페이스로 한 장짜리 '그림 동화책'을 만들어보세요. 도안의 의외성을 여러분이 즐기시는 모습을 생각하면서 제작한 것도 있습니다. 동화의 세계를 표현한 도안을 자르면서 어린 시절의 추억 어린 설렘을 페이퍼 커팅으로 다시 한번 느껴보시기 바랍니다.

Lesson

페이퍼 커팅 레슨

페이퍼 커팅에 사용하는 도구

페이퍼 커팅은 가위와 종이만 있으면 시작할 수 있습니다.
이 책에는 부록으로 그대로 사용할 수 있는 도안이 들어 있습니다.
먼저 끝이 뾰족한(가능하면 페이퍼 커팅 전용) 잘 드는 가위를 준비하세요.
손쉽게 시작할 수 있다는 점도 페이퍼 커팅의 매력 가운데 하나입니다.

❶ 부록의 도안	도안 주위를 1~2센티미터 정도 여백을 남기고 잘라냅니다.
❷ 페이퍼 커팅 전용 가위	자수용 가위를 써도 좋습니다.
❸ 바늘	도안을 자르기 위해 첫 번째 구멍을 뚫을 때 사용합니다. 페이퍼 커팅 전용 가위를 사용한다면 가위 끝으로 구멍을 뚫으므로 바늘이 필요 없습니다.
❹ 스테이플러	절반으로 접은 도안에 사용합니다. 여백 부분을 스테이플러로 집어서 고정시킵니다.

페이퍼 커팅의 기본

페이퍼 커팅을 시작하기 전에 모든 도안에 공통되는 기본 요령을 익혀봅니다.
먼저 필요 없는 종이로 가위를 움직이는 연습부터 시작해서 가위를 익숙하게 다루게 되면
실제 도안으로 들어갑니다. 좌우 대칭인 도안은 절반만 인쇄되어 있으므로
사진을 참조하여 접어서 사용합니다.

스테이플러
수평으로 해서 고정시킨다
(반으로 접힌 도안인 경우)

반으로 접힌 도안은 먼저 도안 주위의 점선을 따라 자르고, 중심에서 똑바로 접는다.
그런 다음 되도록 도안 가까운 곳을 스테이플러로 집는다. 스테이플러는 책상 끄트머리를 사용하여 책상과 수평이 되게 하고, 한 손으로 누르면서 고정시키면 비뚤어지지 않는다.

NG

비스듬히 잡아당기거나 구부러진 채 고정시키면 종이가 어긋난다.
똑바로 접은 다음 고정시킨다.

가위
가위 끝을 사용한다

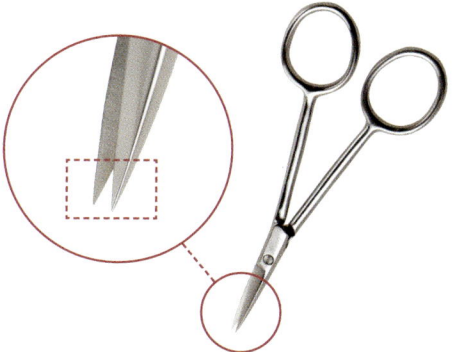

가위는 끝 부분을 사용한다. 특히 섬세한 부분은 반드시 가위 끝을 사용하자. 가위의 중심부까지 사용하면 남겨두어야 할 부분을 실수로 잘라버리는 원인이 된다.

바늘
처음 자를 때 구멍을 낸다

처음 자를 때는 바늘로 구멍을 낸다. 전용 가위를 사용하는 경우에는 가위 끝으로 구멍을 내고 거기에 가위 끝을 넣어서 자르기 시작한다.

가위를 눕혀서 시계 반대 방향으로 잘라간다

가위는 눕혀서 자르자. 언제나 시계 반대 방향으로 호를 그리면서 잘라간다.

가위가 아니라 종이를 움직이면서 자른다

가위를 움직이지 말고 종이를 자르기 쉬운 방향으로 돌리면서 자르자.

중심에 가까운 작은 여백부터 자르기 시작한다

중심에 가까운 부분의 작은 여백부터 방사상으로 바깥쪽을 향해서 자르기 시작한다. 점처럼 작은 것은 먼저 구멍을 뚫어둔다.

여백은 꼼꼼하게 잘라낸다

한꺼번에 자르려고 하지 말고 조금씩 여백을 잘라간다.

요철 부분은 점선으로 이어서 여백을 상상한다

요철 부분은 바깥쪽의 선을 따라가지 말고, 여백을 상상하면서 조금씩 잘라가는 것이 좋다.

골선(둘로 접었을 때 중심이 되는 곳)의 세세한 부분은 맨 마지막에 자른다.

맨 처음에 자르면 세세한 부분이 뭉그러져 지저분해지므로 맨 마지막에 자른다.

어려워보이는 도안은 무리하지 말고 임의로 변주해본다

익숙해지기 전에는 도안의 섬세한 부분 등을 매직으로 칠해두어도 된다. 자신의 레벨에 맞춰 즐기는 것이 중요하다.

똑같은 그림이라도 확대 복사하면 훨씬 자르기 쉬워진다. 페이퍼 커팅 전용 종이에 도안을 확대 복사해서 잘라보는 것도 재미있다.

하트 모양 자르기

49쪽에 도안 있음.

먼저 간단한 도안부터 시작해서 가위 사용법과 기본적인 자르는 법을 배웁니다.
귀여운 하트형 모티브는 초보에게 적합합니다.

1 작은 동그라미부터 자른다. 바늘이나 가위 끝으로 시작하는 구멍을 낸다.

2 가위 끝을 이용하여 종이를 움직이면서 여백을 자른다.

3 종이는 2장이 겹쳐져 있으므로 2장을 제대로 자르고 있는지 확인하자.

4 작은 부분은 가위 끝으로 조금씩 조심스럽게 잘라나간다.

5 하트 부분은 여백 한가운데 부근에 가위를 넣어서 자르기 시작한다.

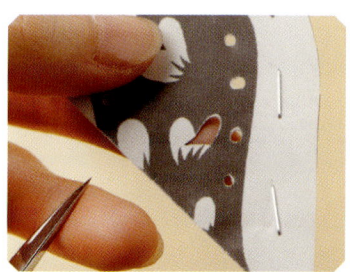

6 하트 윗부분은 절반씩 잘라내자.

7 하트의 나머지 한쪽 윗부분도 종이를 돌리면서 잘라낸다.

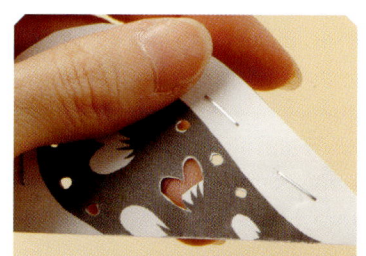

8 깔쭉깔쭉한 부분 이외를 잘라낸다.

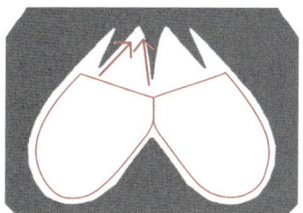

깔쭉깔쭉한 부분은 처음에 주변의 여백을 잘라낸 다음, 왼쪽부터 순서대로 그림과 같이 자른다.

Kierie Lesson 01

9 깔쭉깔쭉한 부분의 선의 끝과 가위 끝을 맞춰서 왼쪽부터 자른다.

10 깔쭉깔쭉한 부분은 도안의 선에 딱 맞춰 자르지 말고 깔쭉깔쭉한 느낌만 내도 된다.

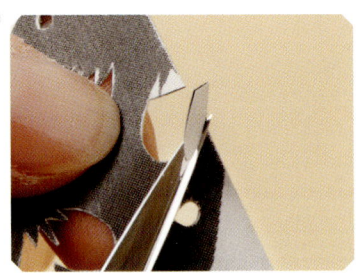

11 골선 부분의 하트도 먼저 여백을 잘라낸다.

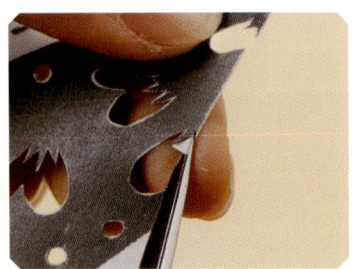

12 깔쭉깔쭉한 부분은 가운데손가락으로 누르면서 잘라나간다.

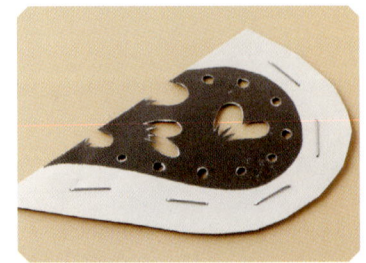

13 안쪽 여백을 모두 잘라낸 상태다.

14 바깥쪽 여백을, 시계 반대 방향으로 종이를 돌리면서 잘라나간다.

15 스테이플러의 심과 심 사이로 세심하게 여백을 잘라낸다.

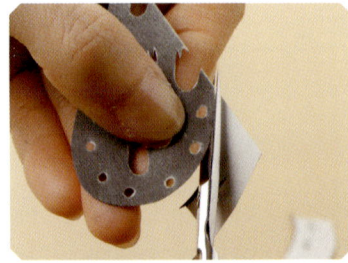

16 마지막으로 도안이 비뚤어지지 않게 꽉 잡고 누르면서 자른다.

완성 모두 잘라낸 상태다.

활짝 펼치면 완성!

다이아몬드 모양 자르기

소용돌이 문양이나 가느다란 선의
바깥 둘레가 매력적인 도안입니다.
곡선 모양의 모티브를 자를 수 있게 되면
작품의 폭이 점점 넓어집니다.

1 여백 부분에 바늘이나 가위 끝으로 가위를 넣을 구멍을 낸다.

2 소용돌이는 처음에 안쪽 선부터 자른다.

3 소용돌이의 끝을 남기고, 이번에는 바깥쪽 선을 자른다.

4 한 번에 자르지 말고 한가운데쯤에서 일단 한 번 잘라낸다.

5 소용돌이의 끝은 가위 끝으로 조심스럽게 잘라낸다.

6 소용돌이의 끝을 잘라낸 상태다.

7 소용돌이의 아랫부분도 선을 따라서 잘라낸다.

8 소용돌이 하나를 잘라낸 상태다.

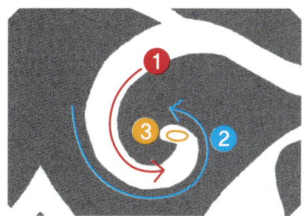

소용돌이는 안쪽 선부터 그림과 같은 순서로 자른다. 종이를 돌리면서 매끄럽게 잘라나간다.

Kirie Lesson 02

9 골선 쪽의 소용돌이도 안쪽부터 먼저 자르고, 이어서 바깥쪽 선을 자른다.

10 손가락으로 뒷면을 지탱하면서 끝부분의 섬세한 부분을 잘라낸다.

11 소용돌이 문양을 모두 잘라냈다.

12 바깥쪽 선의 여백은 안쪽부터 자르기 시작해서 조금씩 세심하게 잘라낸다.

13 한 번에 자르고 싶겠지만 깔끔하게 마무리하기 위해서는 조금씩 잘라내는 것이 중요하다.

14 종이를 회전시키면서 잘라낸다.

15 모서리는 가위 끝으로 자른다. 잘라지지 않으면 손으로 뜯지 말고 반드시 가위를 다시 넣어서 자르자.

16 안쪽을 모두 잘라냈다.

17 바깥쪽은 스테이플러의 심과 심 사이에서 여백을 꼼꼼하게 잘라간다.

완성 자르기 끝!

활짝 펼치면 완성!

토끼 자르기

51쪽에 도안 있음.

숫자 3을 손에 들고 있는
귀엽고 유머러스한 모습의 토끼입니다.
얼굴의 눈썹이나 실크햇 위의 새 등,
섬세한 부분은 조심해서 다루면서
여백을 꼼꼼하게 잘라갑니다.

1. 1~2센티미터 정도 여백을 남기고 적당히 도안 모양을 따라서 자른다.

2. 가위를 눕히면서 가위 끝을 사용하여 직선을 자른다.

3. 작은 부분이라도 종이를 손으로 뜯지 말고 반드시 가위로 자른다.

4. 한가운데의 원을 잘라낸다.

5. 직선을 자른 다음, 스페이드 모양 부분을 자른다.

6. 모두 잘라낸 상태다.

Kierie Lesson 03

7 깃은 조금씩 세심하게 자른다.

8 깃을 잘라낸 모양이다.

9 모자의 리본은 끝에서부터 순서대로 잘라나간다.

10 작은 공간이라도 한 번에 자르지 말고 무리하지 않게 세심하게 자른다.

11 허리띠의 직선은 한가운데쯤에 가위를 넣어서 둘로 나누어 잘라낸다.

12 바지의 섬세한 문양을 자르고 별을 자르고 있는 상태다.

13 별을 모두 잘라낸 상태다.

별 모양은 그림과 같은 순서대로 잘라내자.

14 바지는 아주 세세한 부분을 먼저 자르고, 그 다음에 마주보는 곳을 순서대로 잘라나간다.

15 덩굴풀 부분은 뒤에서 손가락으로 지탱하면서 조금씩 잘라낸다.

16 소용돌이는 안쪽 선부터 먼저 자르자.

17 종이를 돌리면서 잘라낸다.

Kierie Lesson 03

18 조금씩 여백을 잘라낸다.

섬세한 부분은 그림과 같은 점선을 상상하면서 여백을 잘라낸다.

19 모자 위의 새는 점선으로 이은 여백을 상상하면서 조금씩 잘라낸다.

20 모자 위의 새의 여백을 잘라낸 상태다.

21 바지의 앞쪽은 뒷면을 손가락으로 지탱하면서 조금씩 나눠서 자른다.

22 눈 주위는 얼굴의 포인트가 되는 중요한 부분이다.

23 점선으로 이은 여백을 상상하면서 가위 끝을 사용하여 조심스럽게 자른다.

24 눈 주위의 여백을 잘라낸 상태다.

25 모자의 테두리는 종이 밑으로 가위를 넣어서 가위 끝으로 자른다.

26 바깥쪽 둘레 여백을 몇 개로 나눠서 잘라간다.

완성 뒤집으면 완성이다.

Kirie Lesson 04

마차 자르기

하트 모양 창문이 달린 우아한 마차를 반으로 접은 도안입니다.
세세한 여백이 많이 있지만 끈기 있게 세심하게 잘라나가면 아름답게 완성됩니다.
가위 끝으로 자르는 것을 잊지 말아요.

69쪽에 도안 있음.

1 주위에 여백을 남긴 도안을 반으로 접고, 도안 근처를 스테이플러로 고정시킨다.

2 작은 원부터 자르기 시작한다. 가위 끝이나 바늘을 이용하여 구멍을 뚫고 가위를 넣자.

3 작은 원은 종이를 회전시키면서 잘라내면 좋다.

4 도안 중심의 작은 여백을 잘라간다. 가위 끝을 사용한다.

5 선 모양의 여백은 끝에서부터 순서대로 잘라간다.

6 골선의 섬세한 문양은 먼저 자르지 말고 맨 마지막에 자른다.

Kierie Lesson 04

7 가느다란 덩굴은 안쪽 선부터 가위 끝을 사용하여 잘라간다.

8 잎을 자른다.

9 덩굴과 잎을 자른 상태다.

10 마차 위의 덩굴풀도 자른다. 무리하지 말고 조금씩 잘라낸다.

11 소용돌이는 안쪽 선부터 자른다.

12 물결 모양 문양도 조금씩 여백을 잘라낸다.

13 마차 바퀴의 하트는 절반씩으로 나눠서 자르는 것을 상상하면서 잘라낸다.

14 열십자 선은 먼저 직선 부분을 잘라낸 다음, 양 끝을 자른다.

15 마차 주변의 소용돌이 문양의 덩굴풀은 안쪽의 여백부터 잘라간다.

16 여백은 꼼꼼하게 잘라낸다.

17 종이 뒤쪽을 손가락으로 지탱하면서 자른다.

18 소용돌이 안쪽의 여백을 가위 끝으로 잘라낸다.

Kirie Lesson 04

19 종이를 회전시키면서 잘라나간다.

20 가위 끝을 끄트머리에 대고 잘라낸다. 종이를 뜯지 말고 반드시 가위로 자른다.

21 마차 아래의 커다란 소용돌이는 무리 없는 부분까지 가위로 잘라낸다.

22 모서리를 깨끗하게 잘라내면 완성했을 때 선이 깔끔해진다.

23 자르지 않고 남겨둔 골선 부분의 섬세한 문양을 잘라낸다.

24 덩굴풀 문양 주위 등 섬세한 부분을 잘라낸다.

25 바깥 둘레의 여백을 조금씩 잘라낸다.

26 마차의 윗부분은 손가락으로 꽉 잡고 누르면서 잘라낸다.

완성 모두 잘라낸 모양이다.

활짝 펼치면 완성!

도안 자르기 원 포인트 어드바이스

사진에서 소개한 자르기를 응용해서 다른 도안에도 도전해봐요.
기본을 익히면 쉽게 할 수 있습니다. 중심에서 바깥쪽을 향해서 잘라나가고, 여백을 섬세하게 잘라내는 것이 중요합니다. 차분하고 꼼꼼하게 잘라내서 아름다운 작품을 완성해봅니다.

 처음 자르기에 적합한 곳을 표시해두었으므로 참고하자. 아주 대강의 범위를 점선으로 표시했다.

일곱 난쟁이

생생한 모습과 표정이 당장이라도 움직일 듯한, 보기만 해도 즐거워지는 도안이다. 풍부한 개성을 표현한 패션에도 주목. 귀여운 표정이 포인트이므로, 각각의 얼굴 표정을 의식하면서 자르자. 검은 눈동자 안에 있는 하얀 하이라이트 부분을 너무 많이 잘라서 하얀 눈이 되지 않도록 조심하자.

파랑새

경쾌하게 앉아 있으므로 마치 나뭇가지와 일체가 된 듯한 새이다. 한쪽 날개를 펼치고 당장이라도 날아오를 듯한 모습이다.
중심의 날개 밑 부분의 섬세한 부분부터 자르기 시작하자. 나뭇가지 주위는 꼼꼼하게 여백을 잘라간다.

One Point Advice

과자로 만든 집

어린 시절, 누구나 한번쯤 꿈꾸었을 과자로 만든 집. 컵케이크에 캔디, 딸기……. 흑백의 세계에서도 색채를 느낄 수 있는 도안이다.
반으로 접을 때, 한가운데 선이 어긋나지 않도록 조심하자.
굴뚝이 2개 만들어지므로 자르기를 모두 끝낸 다음 한쪽 굴뚝을 잘라낸다.

한쪽 굴뚝은 잘라낸다.

나비

나비는 초보자들에게 권할 만한 모티브이다. 어렵다면 하얀 부분을 몇 군데 칠해버리고 잘라보자. 그렇게 하면 아이와 함께 잘라볼 수도 있다. 또한 도안의 크기를 바꿔서 복사하여 다양한 사이즈로 만들어봐도 좋다. 커다란 도안은 자르기 쉽고, 작은 도안은 약간 어려워질 것이다.

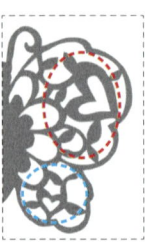

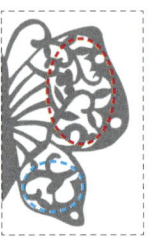

빨간 모자

동화의 세계에서 현대의 세계로 춤추며 내려오는 듯한 빨간 모자. 손에 들고 있는 버섯은 숲속에서 찾아낸 것일까?
얼굴 옆모습의 선에 따라 인상이 달라지므로 꼼꼼하게 잘라나간다. 소매의 주름을 자르기 어렵다면 검은색으로 칠해두어도 된다.

소매의 주름은 먼저 안쪽을 잘라낸 다음, 바깥쪽으로 잘라간다.

플리츠 스커트는 어느 한쪽 끝부터 자르기 시작한다. 처음에 주름 한가운데에 가위를 넣어 여백을 절반 잘라낸다.

나머지 절반을 잘라낸다.

버섯

단풍이 장식된 버섯이다. 비교적 심플한 도안이므로 초보자도 도전하기 쉬울 것이다.
소용돌이 문양이나 별 문양 등을 자르는 연습도 된다. 도안이 인쇄되어 있지 않은 여백을 사용하여 하트형이나 단풍 등 좋아하는 도안을 자르는 것도 재미있다.

One Point Advice

장미

51쪽에 도안 있음.

산들바람에 흔들리고 있는 듯한 장미다.
처음에 꽃 주위를 점선으로 연결하고 그 안의 여백을 잘라낸다. 줄기의 깔쭉깔쭉한 부분은 먼저 깔쭉한 부분 주위의 여백을 잘라내고, 끝에서부터 순서대로 가위를 넣어서 잘라나간다. 가시 부분도 가시들을 연결하는 점선을 상상해서 그 여백을 잘라낸다.

백조

57쪽에 도안 있음.

덩굴풀의 유선 문양이 아름다운 백조다.
소용돌이는 반드시 안쪽 선부터 자르기 시작해야 한다는 것을 잊지 말고, 끈기 있게 여백을 없애간다. 종이를 자르기 쉬운 방향으로 돌려가면서 작업하자.

인어공주

71쪽에 도안 있음.

해파리의 움직임과 거품의 모티브가 물의 흐름을 느끼게 하는 회화 같은 도안이다. 약간 난이도가 높지만 한번 도전해보자. 해파리나 불가사리 등의 섬세한 도안부터 자르기 시작한다. 어렵다는 생각이 들면 너무 섬세한 부분은 검게 칠해서 심플하게 만들어도 된다.

엄지공주

65쪽에 도안 있음.

약간 위쪽을 향하고 있는 소녀의 귀여운 얼굴이 포인트이다.
이마에서 속눈썹 위의 여백을 잘라낸 다음, 속눈썹 아래와 코에 둘러싸인 여백을 자른다. 코와 입술은 종이를 움직이면서 조금씩 잘라간다. 더듬이를 잘라버리지 않도록 조심하자.

개구리

67쪽에 도안 있음.

흥겨운 개구리들의 합창이 들려오는 듯한, 재미있는 도안이다. 반으로 접어서 자르는 도안인데, 눈이나 코가 작으므로 2장을 확실하게 자르고 있는지 확인하면서 잘라가자. 가위 끝을 사용하고 종이를 움직여서 자른다.

작품을 액자에 넣어서 장식하자

작품이 완성되면 액자에 넣어서 장식해봅니다
작품이 훨씬 돋보이며, 멋진 인테리어도 됩니다.
액자에는 매트를 넣으면 유리판에 작품이 밀착되지 않고
틈이 생기므로 페이퍼 커팅이 가진 맛을 살릴 수 있습니다.

준비물

완성한 페이퍼 커팅 작품, 액자, 매트, 도화지, 자, 딱풀(스틱형이 좋다)

1 크기를 재서 액자 한가운데 오도록 위치를 정한다.

2 풀은 전체적으로 칠하지 말고 군데군데 칠한다.

3 손으로 누르면서 도화지에 붙인다.

4 매트를 액자에 세팅한다. 매트를 이중으로 하면 더욱 입체감이 생긴다.

5 페이퍼 커팅 작품을 붙인 도화지를 넣는다.

6 액자 뒤판을 붙이면 완성이다.

부록 도안 사용법

부록의 도안집은 그대로 잘라서 사용할 수 있습니다.
앞에서 순서를 설명할 때 소개한 자르는 방법을 참고하여 좋아하는 도안을 골라 작품을 만들어봅니다. 하트형 문양 등 심플한 것부터 시작하여, 먼저 가위 사용법이나 손의 움직임 등이 익숙해지도록 연습해봅니다. 다음과 같은 점에 주의하여 작업합니다.

- 둘로 접은 작품은 도안이 절반씩만 인쇄되어 있으므로 책에서 잘라낼 때는 여백 부분을 잘라버리지 않도록 주의하자.

- 도안을 너무 바짝 자르지 말고 1.5센티미터 정도 여유를 두고 잘라내자.

- 어렵다는 생각이 드는 도안은 무리하지 말고, 매직으로 칠하거나 윤곽만 잘라내는 등 응용해서 사용하자.

RACE KIRIE DE TSUKURU EHON NO SEKAI by Hina Aoyama

Copyright © Hina Aoyama 2013

All rights reserved.
Original Japanese edition published by KAWADE SHOBO SHINSHA Ltd. Publishers, Tokyo.
This Korean edition is published by arrangement with KAWADE SHOBO SHINSHA Ltd. Publishers, Tokyo
in care of Tuttle-Mori Agency, Inc., Tokyo through IMPRIMA KOREA AGENCY, Seoul.

이 책의 한국어판 저작권은 Tuttle-Mori Agency, Inc., Tokyo와 IMPRIMA Korea Agency를 통해
KAWADE SHOBO SHINSHA Ltd. Publishers와의 독점 계약으로 인문서원에 있습니다.
저작권법에 의해 한국 내에서 보호를 받는 저작물이므로 무단전재와 무단복제를 금합니다.

투명한 동화나라

초판 1쇄 펴낸 날 2017. 6. 16.

지은이	아오야마 히나
옮긴이	위정훈
발행인	양진호
발행처	도서출판 인문서원
임프린트	도서출판 책뜨락
등 록	2013년 5월 21일 (제2014-000039호)
주 소	(121-893) 서울시 마포구 양화로 56 동양한강트레벨 718호
전 화	(02) 338-5951~2
팩 스	(02) 338-5953
이메일	inmunbook@hanmail.net
ISBN	979-11-86542-39-2 (13630)

이 책은 저작권법에 따라 보호받는 저작물이므로 무단전재와 무단복제를 금하며, 이 책 내용의 전부 또는
일부를 이용하려면 반드시 저작권자와 도서출판 책뜨락의 서면 동의를 받아야 합니다.

값은 뒤표지에 있습니다.
잘못 만들어진 책은 구입하신 서점에서 바꾸어 드립니다.

이 도서의 국립중앙도서관 출판예정도서목록(CIP)은 서지정보유통지원시스템 홈페이지(http://seoji.nl.go.kr)와
국가자료공동목록시스템(http://www.nl.go.kr/kolisnet)에서 이용하실 수 있습니다. (CIP제어번호: CIP2017011580)

그대로 자를 수 있는 도안집

클로버 모양

하트 모양 → P31

다이아몬드 모양 → P33

스페이드 모양

자르는 선

토끼 → P35

장미 → P44

자르는 선

나비 → P42

자르는 선

버섯 → P43

과자로 만든 집 → P42

백조 → P44

자르는 선

일곱 난쟁이 → P41

일곱 난쟁이 → P41

엄지공주 → P45

일곱 난쟁이 → P41

개구리 → P45

자르는 선

마차 → P38

파랑새 → P41

인어공주 → P44